그로테스크

그로테스크

최승호 시집

민음의 시 91

민음사

차례

밤의 자라　9

구토물을 먹는 아침　10

기다림의 풍경　12

觀　13

퀴퀴한 광장　14

메시지　15

가짜나무 세 그루　16

황혼의 시든 창녀　17

황사　18

질주　21

넙치　22

외곽도로, 밤 두시, 주유소　25

터널　26

질겨빠진 것　28

남자의 젖꼭지　29

고기 한 덩어리　30

피　31

마개　32

문법　33

철길　34

크고 검은 향나무　35

누가 시화호를 죽였는가　36

어마어마한 송장　　38

잠수교　　39

괴조　　40

폐허 속의 영웅　　41

토끼해　　42

인공호수　　43

송장헤엄　　44

못　　46

뿌리내린 곳에서의 슬픔　　47

멍게와 뭉게구름　　48

파문　　50

어떤 눈　　51

뙤약볕　　52

초현실적인 유원지　　53

안개로 화하다　　54

머리칼　　55

식탁　　56

걸어가야 한다　　58

겨울나기　　59

통조림으로 만리장성을　　62

제로　　63

문짝 앞에서　　64

잔광　65

파로호　66

물통　67

굴뚝 아래서의 목욕　68

텅 빈 우편함　69

사육　70

절벽　71

밤바닥 속의 거울　72

밤의 목마름　73

그림자　74

재와 먼지　75

빨래　76

물의 책　77

이것은 죽음의 목록이 아니다　78

갯바위　84

물의 자서전　86

손　87

게를 뒤집어 놓다　88

타일 위의 잠　90

마합　91

밤의 자라

긁어댄다, 다야를,
내 청신경을 긁어댄다.
시마(詩魔)에 끄달리며 무슨 글을 쓰는 것이냐고
내 글쓰기를 긁어댄다.
밤늦도록 잠자지 않고
대야를 긁어댄다.
벅벅 긁어댄다, 긁어댄다, 도저히
글을 쓸 수가 없다.
문을 열고 베란다로 나간다.
대야의 자라는
목을 딱딱한 등딱지 속에 집어넣고
나를 관찰한다.
자물통처럼 생긴
자라야,
네가 껍질을 벗어놓고 글을 써볼래?
나는 네 대신 늪으로 돌아가
흐린 물 속을 알몸으로 헤엄칠 테니.

구토물을 먹는 아침

보도블럭으로 뒤덮인 세계였다.
쥐회색 비둘기가
신호등처럼 빨간 눈을 뜨고
뒤뚱거리며 걸어오고 있었다.

그 시각에 나는 가짜 날개를 달고 뒤뚱거리며
비둘기가 보행하는 길을 걷고 있었다.
우리는
보도블럭 위에서 만났다.
비둘기와 나는
가난했다.
가진 게 날개밖에 없었으니까.

구토물은 추위에 얼어붙어 딱딱했다.
우리는 그걸 뜯어먹느라
함께 머리를 조아리고
구토물 주위를 돌면서 부리를 톡, 톡,
움직이고 있었다.
빌어먹을!

식사가 끝나자 쥐회색 비둘기는 먼저
하늘로 날아올랐다.
지상의
구토물 곁에
내가 있었다.

등에 달린 가짜 날개에서
쓰레기 썩는 냄새가 났다.

다시 뒤뚱거리며 보도블럭 위를 걷고 있었다.
아스팔트를 건너면
보도블럭으로 이어지는 보도블럭 위를.
그것이 아침의 발걸음이었다.
거지 같은 발걸음,
발과 발 사이로
무수한 균열이 보이는 발걸음.

기다림의 풍경

마을버스 정류장에서 바라본다. 쓰레기자루들, 자동차들, 핸드폰을 귀에 갖다붙이고 같은 방향으로 걷는 사람들, 길바닥에서 뒤척이는 플라타너스 낙엽(그것은 넙치처럼 황갈색이다).

어제는 이 포이동 거리로 장의차가 지나갔다. 이마에 누런 땟줄들을 두른 채 의자에 망연자실 앉아 있던 유족들, 그 뒤를 청소차가 따르고 있었다. 쓰레기 국물을 질질 흘리며.

  마을이 없는 곳에서
  마을버스가 온다.

버스 정류장엔 줄이 있다. 줄은 길어진다. 줄은 짧아진다. 줄은 사라져버린다. 나는 줄 끝에 선다. 돈 삼백 원 들고.

지하철 매봉역으로 이동한다. 칙칙한 지하에도 기다림이 있다. 중유(中有)의 중음신(中陰身)들에게도 기다림은 있을 것이다. 그들은 49일 동안 섹스를, 환생을 기다린다.

  마을버스는
  마을이 없는 곳으로 돌아간다.
  마치 내가
  나 없는 곳으로 돌아가듯이.

觀

지하철에서는 고개를 숙이고
바닥을 보든지 공(空)을 관하든지
아니면 토막잠을 자든지 해야 한다.

고무장갑 두 켤레를 천원에 판다고
떠들어대는 지하철의 잡상인은
왜 어서 남대문시장으로 가지 않는 것일까.
카세트를 목엔 건 장님과
앉은뱅이걸음으로 구걸하는 벙어리 노인은
왜 지하철 통로에서 서로 엉겨붙어 치고받고 싸우는 건가.

지팡이가 뚝 부러지자 장님은 눈을 떴다.
그는 눈이 휘둥그레졌다.
지하철의 눈들이 다 휘둥그레졌다.
실상사(實相寺)에 갔을 때도
그만한 놀라움이 없었다.

퀴퀴한 광장

광장에 겨울비 내린다.
할머니는 부엌데기로 돌아가셨다.
퀴퀴한 광장에 한번 간 일 없이
검댕이 낀 부뚜막에서
그을음 내려앉는 부뚜막으로
늙은 쥐며느리처럼 뺄뺄거리시다
입적하셨다.
그 뒤로는
내 꿈속의 마실 길로 한번
오시는 일조차 없고……。
광장에 내리던 겨울비는
진눈깨비로 변한다.
우산을 쓴 쥐며느리가 한 마리
광장을 가로질러 밤 저쪽으로 사라진다.
왜 자꾸
퀴퀴한 광장 위에 뜨는
쥐며느리좌(座)라는
있지도 않은 별자리 이름이 떠오르는 것일까.

메시지

핸드폰이 울린다.
여기저기 주머니에서
가방에서
핸드폰들이 나타난다.
기다리던 마이크를 잡은 듯
내 옆사람이 말한다.
여기 지하철인데
지금 막 양재역을 지났어.
타일벽에도 말죽 먹는 말들이 그려져 있는
말죽거리 양재 알지?
모른다구?
방금 거길 통과했다니까.
근데 왜 이렇게 저승처럼 감이 머냐?
끊는다.
핸드폰이 울린다.
여기저기 주머니에서
가방에서
핸드폰들이 또 나타난다.
구파발행 철마(鐵馬) 안에서
상상에 잠기노니
아무런 메시지도 없이
파발마들이 말죽거리로 달려와서
누런 말이빨로 타일벽을 뜯어먹는다.

가짜나무 세 그루

지하철역 개찰구를 빠져나오면
가짜나무 세 그루
큰 화분에 담겨 솟아 있다.
나무의 모습으로
나뭇잎 빛깔을 띠고 말이다.
꼬물거리는 애벌레는 보이지 않는다.

가짜나무 세 그루에서 인조낙엽이 지면
박제된 황새들이
인왕산 위를 너울너울 날아갈까.
죽은 장수하늘소들이
광화문(光化門)으로 날아올까.

사시사철 전경들이 부동자세로 서 있는
경복궁역 에스컬레이터는 고장이 잦다.
역회전에 대비해
고개를 숙이고
에스컬레이터를 타고 올라가다가
에스컬레이터를 타고 내려오는
정원사 최승호 씨와 마주친다.
나의 모습, 나의 옷,
가짜나무를 돌보는 정원사 최승호 씨도
손에 가방을 들었다.
가방 속엔 아마 우산과 전지가위와
『티베트의 지혜』가 들어 있을 것이다.

황혼의 시든 창녀

마더 테레사 수녀님이 죽었습니다.
마더의 길,
고개를 숙이고
머리 위 발들을 두 손으로 씻어주던…….

우리는 황혼의 시든 창녀들,
낡은 매음굴의
정충들이 말라붙은 문가에 서서
멀리서나마 마더를 향해
냉이꽃 몇 송이를 바칩니다.

마더 테레사 수녀님이 죽었습니다.

황사

1

며칠 모래바람이 불더니
봄비가 온다.
십일월에 만발했던
양재천의 미친 진달래꽃은
이 봄에 또
불길한 분홍색 계시처럼
꽃을 피웠을까.
낙타의 설사똥을 뒤집어쓴 것처럼
자동차들이 얼룩덜룩하다.
토우(土雨),
하늘에서 흘러내리는
황사반죽
속에는
실크로드에서 뼛가루가 된 낙타들도
라면 수프처럼 들어 있는 건가.
어제는 두개골이 뒤죽박죽이었다.
미열이 나면서
뇌가 부풀어오르는 느낌,
누군가 뻘 같은 나의 뇌수를
주걱으로 휘젓는 느낌,
저물녘 빵집에선
구워져 나온
머리통만한 옥수수빵들을 보고.

2

밤에 황사반죽 질료의 목록을 작성했다——타클라마칸 사막에서 날아온 모래, 고비 사막에서 일어난 돌가루, 지린내 풍기는 낙타털, 야크의 속눈썹과 내 눈썹에서 빠져나간 눈썹들, 서울 상공의 스모그, 황하 강변에서 부러진 개미 더듬이, 쪼개진 나비의 겹눈, 이제는 똥이라고도 할 수 없는 오래된 낙타상인의 똥, 늑대의 늑골 가루, 검은곰팡이의 포자, 말라버린 호수에서 말라죽은 짚신벌레, 풀씨들, 구리거울의 녹, 별똥별의 재, 미라가 된 어린 공주의 손톱 조각, 섬서구메뚜기의 이빨, 진동을 주면 콧노래를 부르는 듯 음향을 내는 모래〔鳴砂〕, 그리고 이루 말할 수 없는, 이름 붙일 수 없이 미세한…….

3

  우체국 옆 우그러진
  고물자동차는
  네 바퀴가 다 내려앉았다
  차유리 하나 없이
  붉게 녹스는 차 안을 들여다보면
  뒷좌석에 누런 모래들이 앉아 있다.

4

우리는 돌아갈 모천(母川) 없는
사막의 연어들,
가슴지느러미는 날마다
모래파도와 모래해일을 넘어
사막 한복판으로 나아갑니다.
죽음의 상인들과는 도무지 말이 안 됩니다.
낙타들이여, 부디
당신들 대열에 끼여
낙타 가죽을 두르고 허청허청 걷고 있는 나를 보거든
나에게 편지하라고 전해 주십시오.

질주

「저것 봐요! 비둘기가 죽어가요」 아내의 다급한 소리에 놀라 고개를 들어보니 참으로 알 수 없는 일이 벌어졌다. 비둘기가 하늘에 걸려 기우뚱한 채 한쪽 날개만을 푸드거리고 있지 않은가. 자동차를 타고 있었고 뒤에서 자동차들이 무서운 속도로 쫓아오고 있었으므로 브레이크를 밟을 수가 없었다. 감전된 듯 푸득푸득거리면서 비둘기는 점점 등뒤로 멀어져 갔다. 사실은 우리가 빠르게 도망자들처럼 멀어져 가고 있었다. 에어컨을 틀고 있었고 차 유리문을 다 닫고 있었기 때문에 비둘기의 절규도 그 어떤 울부짖음도 들려오지 않았다.

넙치

1

허공으로 치솟은 오피스텔은
거대한 캐비닛을 연상시킨다.
그 지하상가 수족관 바닥의
넙치가
무엇을 내다보고 있는지는 불확실했다.
그러나 내다보고 있었다.

2

오른쪽 뺨에 눈이 없구나.
넙치,
한쪽 뺨은 영원한 밤이다.

3

왼쪽 오른쪽으로 나누어졌던 눈을
한 곳에 모으느라
넙치는 얼마나 고통스러웠을 것인가.
눈알 하나를 밤마다 끌어당겨
왼뺨으로 옮긴 뒤
넙치는 원했던 사시(斜視)가 되어버렸다.

4

넙치 눈은
배꼽을 쏙 빼닮았다.
눈도 배꼽처럼
단절의 흉터인가.
껌벅거리는
흉터,
시선은
남아 있는 탯줄,
한없이 뻗어나가는 투명한 탯줄?
엇갈리면서
뒤 없는 투명함을 마중나가는.

5

비로소 바닥에
옆으로 누울 수 있게 된 물고기의
베개가 없다.

6

나는 그 변신을 이해했다. 오해한 것인지도 모른다. 그러나 적어도 이해한 것이라고 생각한다.

수족관에서의 일이다. 어제는 바닥에 넙치가 있었다. 혼자였다. 공기방울이 부글부글 끓어오르고 있었다. 수면으로 떠오른 기포들은 물거품의 층을 형성했다. 그것은 텅 빈 회갈색 안구들 같기도 했다. 오래 가지는 않았다.

어제 넙치가 있던 바닥에 오늘은 벽돌이 놓여 있다. 넙치가 벽돌로 변신하는 것은 이해하기 힘든 일이다. 그러나 나는 이해했다. 오해한 것인지도 모른다. 그러나 적어도 이해한 것이라고 생각한다.

7

거대한 캐비닛을 연상시키는
밤 오피스텔 타일벽마다
배꼽 같은 넙치 눈들이 잔뜩
돋아났다고 하자. 그것은 보석이 아니라
서치라이트처럼 움직이면서
어두운 하늘로 빛을 쏘아댈 것이다.
그렇기는 하나
고독한 발광에
허공이 눈 하나 깜짝거리기나 할까.
그러나 발광할 것이다.

외곽도로, 밤 두시, 주유소

들국화 필 무렵 허수아비들이 부활했던가. 가을 바람에 텅 빈 소매 날리던 허수아비를 본 지도 오래되었다. 너펄거리던 넝마 패션, 육신을 매달기엔 너무 앙상한 막대기, 두 날개처럼 벌린 팔, 웃음, 허허허허, 우는 듯한 웃음, 허수아비에 대한 추억은 유쾌하다. 바보스러움 주위에 감돌던 평화, 그 기억을 문득 일깨워준 것은 외곽도로 옆에 서 있는 마네킹 교통경찰관.

밤 두시, 텅 빈 주유소에 들어선다. 희뿌연 나방 한 마리가 날개로 바닥을 치면서 주유소 마당을 맴돌고 있다. 노인은 나무껍질 같은 얼굴로 톱면 속에서 걸어나온다. 그리고 기름통에 석유를 넣고 구부정한 등을 돌려 블면 속으로 되돌아간다.

밤의 전조등, 밤의 전봇대, 아스팔트에 들러붙은 고양이 가죽과 개구리 가죽, 길은 다시 죽음의 넓이인가. 시끄럽게 음악을 틀고 공중에서 번쩍번쩍하는 금빛 점멸등을 쳐다본다.

터널

가죽벨트를 두른 맹인안내견과 함께 걸어가는
장님소녀가
턱을 약간 내민 해맑은 얼굴로
자하문 터널 쪽으로 가고 있다.
두 귀가 눈인 듯
고개를 천천히 좌우로 저으면서
세상을 두리번거리곤 한다.

어린 뺨에 내리는
봄볕,
자하문 터널 밖엔
무슨 꽃들이 망울져
고개를 내밀고 있을까.

내 안의 길고 끈적한 터널 끝이
빛의 문짝도 없이
둥글게
봉해진다.
농구공
안에 갇혀
길 더듬는 개미가 있다면
얼마나 캄캄할까.
허공으로 튀어오르는
농구공,
떨어지는 농구공,

통 통 통 튀며 굴러가는 농구공,
그 농구공 안에 갇혀
더듬이만 자꾸자꾸 자라나며
늙는 개미가 있다면…….

질겨빠진 것

뱅뱅사거리 낙엽 지는 플라타너스 아래 택시의 비상등이 깜빡거린다.

벌써 반시간 전쯤부터 택시 기사와 승객은 멱살을 맞잡고 붙어 있다. 그들은 교미 중인 개들처럼 떨어지지 못하고 서로 욕설을 퍼부으며 이리저리 길거리를 함께 돌아다닌다.

한밤중의 이 질겨빠진 몸싸움을 따라다니며 구경하는 남루한 여자는 긴 머리칼을 입에 물고 질겅질겅 씹고 있다. 한쪽에선 미친개 풀 먹듯, 다른 한쪽에선 미친년 널 뛰듯 실없는 밤, 이 질겨빠진, 이 질겨빠진, 물어뜯는 이빨들이 빠져버릴 이 질겨빠진, 검은 머리칼이 파뿌리 될 때까지 이 질겨빠진…….

남자의 젖꼭지

성인(聖人)들을 생각하면
샘 같은 젖통이 떠오른다.
어린 세상에게
젖을 물리려고
그들이 왔었는지 모른다.
그러나 누구 젖이냐에 따라
편이 나누어져서
서로 헐뜯으리라고 예견했을까.
마왕(魔王)의 자식들,
우호적이며 적대적인.

오늘 내 유두 곁에
철사처럼 털이 하나 솟은 걸 발견했다.
영영 부풀지 않고
아무짝에도 쓸모없는 젖꼭지가 어떻게
두 개씩이나
못대가리처럼
내 가슴팍에 붙어 있는 것일까.

고기 한 덩어리

들소뿔나팔을 불자 하늘 어디선가
독수리들이 날아오고
조장(鳥葬)은 시작된다.
깊은 모래구덩이에서의 식사,
살가죽을 찢고 창자를
물어뜯는 독수리들,
눈알을 꿀꺽 삼킨 독수리도 있었던가.
음경이 사라진 뒤에
말안장 같은 골반이 드러났던가.
다시 독수리들이 하늘로 날아가면
그들은 북을 치고 춤을 춘다.
그러나 정육점에는
아무런 의식이 없다.
누가 정육점에 큰 북을 걸어보지 않겠는가.
누가 정육점 앞에서 덩실덩실 춤춰 보지 않겠는가.
냉장고, 저울, 도마, 칼, 비닐봉지들,
나는 고기 한 덩어리 들고 집으로 간다.

피

이제는 육(肉)을 묶은 신문지 대신
비닐봉지에 담아준다.

붉고 붉은 살덩어리에 척 들러붙은
축축한 신문지를 손톱으로 떼내다 보면
피에 절여진 독재자 사진도
조각조각 찢어지던 일이 어제 같은데
이제는 비닐봉지에 피가 흐를 뿐.

큰 불길에 휩싸여 있는 듯
정육점이 붉다.
부위에 따라 살이 퍼즐처럼
쪼개진 황소 한 마리가
글썽이는 큰 눈알은 빼놓고
검은 비닐봉지 속으로 들어간다.

마개

포도주병의 코르크 마개들,
맨홀 뚜껑들,
저수지의 수문(水門)들.

나는 내면의 비밀스런 한 구멍을 뚫음으로써 온 우주가 쏟아져 들어오는 문열림의 시간을 기다려왔다. 그러나 그 구멍은 늘 고집스런 마개로 막혀 있는 느낌이었다. 집중의 힘으로 마개를 볼 수는 있었으나 뽑을 수는 없었다. 마개는 다름아닌 고집스런 나였던 것이다. 「마개를 뽑지 마라!」 그 소리는 겁 먹은 나의 목소리이면서 동시에 마왕의 목소리이기도 했다.

마개를 뽑지 않아도 결국 죽음이 마개를 뽑아버릴 것이다. 문열림의 시간, 마왕도 물러나고, 포도주처럼 열린 저수지처럼 나는 쏟아질 것이다. 그때는 웅크렸던 내면이 한없이 펼쳐져서 모든 별을 싸안는 어두운 보자기가 될까. 찢어진 보자기, 밑빠진 보자기, 구멍밖에는 아무것도 없는 보자기, 내면이라고 하기엔 면도 없고 안도 없고 바닥도 없는……

그러나 죽음이 올 때까지 내면의 마개는 여전히 박혀 있을 것이다. 동양인은 장이 길다. 입에서 항문까지의 길, 그 길이 얼마나 길고 질긴지는 모르겠으나 입에는 마개가 없고 똥구멍에도 마개는 없다. 콧구멍도 마찬가지다. 마개는 없다. 눈, 귀, 정수리, 그 어디에도 마개가 없는데 어떻게 나의 내면엔 뽑아버릴 수 없는 배꼽처럼 마개가 콱 박혀버린 것일까.

문법

선생의 별명은 해골이었다. 움푹한 눈으로 의자에 앉아 문법(文法)을 가르치곤 했다 불거진 광대뼈, 앙상한 손가락, 음침한 기침 소리 해마다 껍질 벗겨 말린 뱀 삼백 마리 가량을 먹는다는 소문에도 불구하고 선생은 질질 끌던 폐병으로 돌아가셨다. 우리는 선생이 의자에 단정히 앉아 죽음에 들려나가는 것을 지켜보았다.「문법을 잘 지켜라. 제군들 그 누구도 문법으로부터 자유로울 수는 없다. 비유하자면 문법은 형무소장이요 너희들은 죄수들인 것이다_ 유언은 아니었지만 그분은 그런 말씀을 남겼다. 선생이 세상을 뜬 지도 어느덧 삼십 년이 된다. 그분이 없는데도 어떻게 나는 문법을 지키려고 애쓰며 글을 쓰고 있는 것일까. 막대기를 들고 내 공책을 넘기며 숙제검사를 하던, 선생의 왕머루 같은 눈이 눈에 선하다.

철길

검은 기관차가 한 대
토막난 말대가리처럼 눈앞을 지나간다.
그것뿐이다.
그것은 혼자 웅웅거리며 멀어진다.
지린내 낮게 깔리는 흐린 날이다.
추억의 현장검증을 하듯 건널목에서
철길을
굽어본다.
망령(亡靈)은 늙지도 않는가.
말굽자석 모양 망령은 끈덕지게
철로에 붙어
젊은 날 죽은 자리를 고집한다.
눅눅한 침목들이
대못을 안고 누워 있는 흐린 날이다.
피 속의 철분들이 부식해
맨드라미를 빚는가.

크고 검은 향나무

내가 무덤 곁 향나무 한 그루로 서서 넓은 뿌리로 관을 안고 더운 날 무덤에 부채질을 할 수도 있었겠다는 생각을 잠시 했다. 그러자 크고 검은 향나무가 무덤을 한바퀴 돌고 나서 제자리로 돌아가 우두커니 서 있는 것이었다. 자라나는 죽음은 관을 꽃들의 높이로 들어올려 주기 바란다. 관이 만발(滿發)하도록 말이다. 태양이 거울인 태양의 는들로서 꽃들은 있다. 꿀과 향기로 날개를 부르는 꽃들, 향나무는 그러나 빛 뿌리는 꽃이 없다. 태양의 나무가 아닌 것이다. 그렇다고 죽음의 향기를 흘리는 명부의 나무라고 말한다면, 그런 말이야말로 대지(大地)의 향나무에 대한 모독이다.

누가 시화호를 죽였는가

——시화호의 아름다운 처녀시절을 떠올리며 술 한잔 마시고 베란다 밖을 내다본다. 황량한 밤이다. 누군가 죽은 딸 곁에서 울고 있다.

시화호에선 시체 냄새가 난다. 몇 년을 더 썩어야 악취가 사라질지 이 거대한 시체를 어떻게 처리해야 할지 아무도 모른다.

달마가 인도에서 중국으로 건너가다 어느 바닷가를 지날 때였다. 마을사람들이 짐을 꾸려 마을을 떠나고 있었다. 달마가 물었다. 「왜들 떠나시오?」 마을사람이 대답했다. 「악취 때문에 떠납니다」 달마가 보니 바닷속에서 대충이라는 큰 이무기가 썩고 있었다. 달마는 해안에 육신을 벗어놓고 바다로 들어간다. 그리고 썩고 있는 대충을 먼 바다로 끌고나가 내다버린다. 하지만 돌아왔을 때 자신의 몸, 해안에 벗어놓았던 몸이 사라진 걸 알고는 당황한다. 달마는 결국 자신의 육신을 찾지 못한다. 대신 누군가가 바닷가에 벗어놓은 얼굴 흉측한 육체, 그걸 뒤집어쓰고 중국으로 건너간다.

시화호에선 악취가 난다. 관료들에게서도 악취가 난다. 구역질, 두통, 발열, 숨막힘, 마을사람들은 떠났다. 개펄은 거대한 조개무덤으로 변해 버렸다. 쩍 벌어진 조개껍질 위로 허옇게 소금바람이 분다. 갯지렁이들도 떠났다. 도요새들은 항로를 바꾸었다.

무력감에서도 악취는 난다. 산 송장들, 시화호 바닥에 누워 공장 폐수와 부패한 관료들의 숙변을 먹는 산 송장들, 이것은 그로테스크한 나라의 풍경인가. 시화호라는 거대한 변기를 만드느라 엄청난 돈을 배설했다.

달마는 시화호에 오지 않는다. 시화호에 달이 뜬다. 누가 시화호를 죽였는가? 누가 죽은 시화호를 딸처럼 부둥켜안고 먼 바다로 걸어나가며 울겠는가.

나는 무력한 사람이다. 절망의 벙어리, 그래도 세금은 낸다. 세금으로 시화호를 죽였다. 살인청부자?

내가 시화호의 살인청부자였다. 나를 처형해 다오. 달 뜨는 시화호에 십자가를 세우고 거기 나를 못 박아다오. 아니면 눈 푸른 달마를 십자가에 못 박아 피 흘리게 하든지.

어마어마한 송장

그는 죽어서도 거만한 풍모로 떠내려왔다. 몸에서는 무지개빛 기름이 흘러나와 물 위에 번지고 있었고 주위엔 떼죽음 당한 물고기들이 그의 명함처럼 널려 있었다. 나는 관리다, 왕조시대로부터 떠내려온 썩은 관리. 건져내야 할 송장이었지만 죽어서도 거드름을 피우며 그는 부패한 물고기의 왕처럼 쓰레기들을 거느리고 떠내려왔다. 어마어마한 부패물, 누가 이 뻔뻔스러운 송장을 이기겠는가. 그를 보자 무력감과 슬픔이 엄습해 왔다. 그리고 무력감의 부력처럼 내 입에서 분노가 음표 달린 물풀처럼 흘러나오는 것이었다.

잠수교

넘실대는 흙탕물 속에서 구명튜브가 하나 흔들렸다
주황색이었다
자살자는 그것을 잡지 않을 것이다.
자존심이 있다면
곧 익사해 버릴 자존심이지만
자살자로서의 자존심이 있다면
잡지 않을 것이다.
정치가들은 자살에 반대한다.
그들은 끈질긴 희망이 있고
그들은 절망하지 않으며
죽을 때까지 은퇴할 생각이 없으시고…….
자살자의 지옥이
익사자의 천국일까. 장마철
물 먹는 하마처럼 서 있는
잠수교,
넘실거리며 쓰레기들이 눈썹 위로 밀려온다.

괴조

공습은 확대된다.
보이지 않는 폭격기
F-117 한 대가
베오그라드 상공에서 격추되었다.
「미안하지만 우리는 그게
안 보인다는 걸 알지 못했네」
전쟁 중에도 유고인들은 유머가 있다.
폐허 위의 악기들,
폭격 속에서 공습을 반대하는
콘서트가 정오마다 열린다.
유머가 날개다, 나는 생각한다.
하지만 날아드는 거대한 괴조(怪鳥) 앞에서
어린 새들은 소스라쳐 비명을 지른다.
불안의 깃털들이 온몸에서 일어나는
사월 아침,
숟가락으로 커피를 저으면서
화염과 연기가 치솟는 신문을 본다.
코소보
난민들이 바다 잃은 펭귄떼처럼
울면서 마케도니아 국경을 넘고 있다.
불안이 붕(鵬)새다, 나는 생각한다. 사월의
검은 커피는
공복으로 흘러든다.

폐허 속의 영웅

그 건물이 붕괴된 뒤 폐허 속에서도 젊은이 몇은 질기게 살아남았다. 산 채로 발굴된 그들을 매스컴은 떠들썩하게 영웅으로 조명했다. 생존자, 오직 살아남았다는 이유만으로도 이 나라에선 영웅이 된다. 폐허 속의 영웅, 송장들이 쓰레기에 뒤섞여 팔다리가 뒤바뀌고, 누가 누구인지 장례식에 혼란이 일어나도 영웅, 영웅이라, 붕괴의 악몽에 시달리는 불쌍한 영웅들이로다.

토끼해

　죽은 나무에 잔뜩 달라붙어 있는 죽은 나비떼, 지난 한 해의 풍경.

　1월 1일은 B의 기일(忌日)이다.
　눈알이 빨간 토끼해를 맞이한다.
　불안에 귀가 길쭉해지는 한 해가 되었으면
　죽음이 두렵지 않은 한 해가 되었으면
　그러면
　그렇게 되면
　뭐가 달라지는 건가.

　창작과비평사에서 보내준 토끼해 달력을
　벽에 건다.
　아무 그림 없이
　큼직한 아라비아 숫자들이
　네모를 뒤집어쓰고 있는,
　여백이 많아서 좋은,
　죽은 문인들은 이런 달력조차 받지 못했으리라.

인공호수

똥물파도를 일으키며
유람선이 간다.
수몰 이주민은
보트 피플과 달라서
배도 없이 노를 저어야 하는 사람들처럼
고향을 등지고 떠밀려 갔다.
물 속에 붕괴된 고향,
그리움이 잠수부처럼 옛 집을 찾아가면
허물어진 대문에서 붕어들이 옛주인을 맞이할까.
빈 마당에 물풀들이 자라 있을까.
인공호수 밑바닥의 흙벽돌집,
대추나무는 물에 말라죽어 있을 것이다.
물여우나비들이 건너가던 징검다리는
저녁 어스름 속으로 소를 끌고 돌아오던
외할아버지를 기다리고 있을 것이다.
부재의 부력,
인공호수 위로
한 가족이 뜬다
고향상실자들은 뿔뿔이 호수 밖으로 흩어진다.
위대한 댐,
거대한 비석처럼 솟은
기념비.

송장헤엄

1

누운 채 밤을 건너왔다.
꿈속에 엄지발가락이
숟가락처럼 떨어져나갔던가.

장엄한 보석이 붉게 빌딩 위로 떠오르며
빛을 나눠주는 아침에
누워서
망가진 아코디언 같은 신문을 본다.
눈뜨자마자
세상의 벌을 받는 것인가.
신문을 든 팔이 점점 무거워진다.

2

누워서 신문을 보는 내 살가죽에 신문이 문신(文身)처럼 인쇄돼 있다. 내가 보는 세계는 다름아닌 나의 살가죽인 것이다. 아침이면 지겹다. 너덜너덜 찢어진 내 살가죽이 흉터투성이인 나에게 배달된다.

3

송장헤엄치개라는 벌레는
눈이 크고 입이 뾰족하다.
배를 위로 하고
누워서 송장헤엄을 치는데
송장이 되어서야 송장헤엄을 그친다.
절망도 송장이 되어서야
송장헤엄을 그칠 것이다.
절망에 절망해 버리는 절망까지도.

못

내 안의 동굴에서
오래전에 고체된 상처들,
종유석이 아니라
긴 못들이 되어버린
상처를 한밤중 들여다본다.
못에 찔려
피 흘리는 것은
기억의 안구들이다.
피는 못을 감싸고
피흘림으로
못들은 좀 뭉툭해진다.
기억이 눈멀면
못들이 붉은 지네처럼 흐르게 될까.

뿌리내린 곳에서의 슬픔

어떻게 긴 겨울을 넘겼는지 모른다.
견디려고만 했지
봄이 와도 봄에 내놓을
꽃 한 송이 준비하지 믓하였다.

눈이 오면 공뺏기놀이를 하던
개와 나에게
봄은 당혹스럽게 왔다.
자목련나무는
언제 어디서
봄의 꽃들을 다련한 걸까.
럭비공만한 자목련꽃들이 햇살 속에 벌어져
향기를 토하는 것을
발걸음을 멈춘 채 개와 나는 쳐다보고 있었다.

그리고
개의 슬픔을 느꼈다.

멍게와 뭉게구름

1

자정이 지나 무섭도록 짙은
눈화장을 하고
인어들이 포장마차로 헤엄쳐 왔다.
술을 마시고
시뻘건 입술을 벌리며 잡담을 나누더니
핸드폰이 울리자 서둘러 자리를 뜬다.
몸 파는 인어들인가?
긴 나무의자 끝에서 사내는
술 한 병 놓고 잔을 기울이며
멍게를 먹는다.
멍게는
똥이 없다.
뱃속에 칙칙한 뻘이 있을 뿐.
멍게똥만 빼고 다 먹는다.
마치 똥만이
시장에 내다팔 수 없는 보석이라는 듯이.

2

나무의 연인처럼
늦은 밤 가로수를 부둥켜안고
눈물을 흘려가며 남자는 토하고 있다.

울부짖듯 입을 크게 벌리고
멍게를 게우는가.
나무에 배설하는 나무의 연인처럼.

3

뭉게구름 한 덩어리가 내 지난날이라고 말해 본다. 그렇게 말하기에는 추억의 증발이 너무 더디게 진행되는 것은 아닐까. 더러 내 몸에서 늪 냄새를 맡는다. 맑은 날에도 몸은 쇄락하지가 않다. 뭐랄까, 잡(雜)의 끈적거리는 반죽덩어리들이 내 안에서 부풀어오르는 느낌. 오직, 오! 똥만이 몸뚱이에 반죽되지 않고 퀴퀴한 가집을 벗어나 제 길을 흘러가나 보다. 해묵은 몸, 오래된 늪, 수염이 골풀처럼 자라고…… 우울과 더불어 불어나는 측은지심. 뭉게구름 한 덩어리가 내 지난날이라고 말해 본다. 모든 날이 지난날인 그늘, 그때가 되면, 허공의 쇄락에 이를 수 있는 것인지.

파문

물뱀이 지나간 자리,
적요했던
한낮의 늪은 다시 고요해지네.

어떤 눈

다리미로 다릴 수도 없는 주름들이
눈가에 생겨버렸다.
그것은 점점
덧없음으로 살이 찌고 세월의 잡아당김으로
밑으로 처지는 듯하다.
눈을 마음의 창문이라고 하지만
어떤 눈은
진눈깨비 내리는 듯 축축하고 흐리다.
아무것도 보지 않고
아무것도 보이지 않는
월면(月面) 같은 밤의 눈동자에
죽음이 월식처럼 찾아와
태양색 종달새의 자장가를 불러줄까.
불러주기나 할까.
검은 색안경으로 가리는
눈,
아무것도 보지 않고
아무것도 보이지 않는.

뙤약볕

맑은 날엔 자갈이 내 뼈이다.
흐린 날엔 내 피가
폐수인지 녹물인지 놀인지
모르게 될 것이다.

개미들이 내 발톱마냥 걷고 있다.

어느 날 몸뚱이에
담을 수 있는 것이
아무것도 없다는 사실이 눈부시다.

초현실적인 유원지

익사자는 북어처럼 금세 뻣뻣해져서 강물 밖으로 들려나온다. 수영복을 입은 유원지의 마네킹 300여 명 가량이 갑자기 물에 예배하는 겸숙한 자세로 서서 번뜩이는 강을 바라보는 지금은 오후 3시 17분 59초. 산중턱 무덤지기 돌말〔石馬〕은 툭 불거진 돌멩기눈으로 파라솔 색색인 유원지를 굽어보며 벙어리 말 울음을 운다. 누가 선그라스를 깨뜨린다. 뜨거운 자갈들이 노른자도 없이 이글거리는 태양을 품었다.

안개로 화하다

벽에 똥을 펴바르는 따위의 노망이
옹(翁)의 죽음에는 없었다고 한다.
죽는다고 남을 지겹게
괴롭히지 않으셨으며
죽은 뒤에도 뭘 바라는 따위의
해괴한 말씀이 없으셨다.
자욱한 안개 속에서 옹은
빈 배를 기다렸다고 한다.
노 젓는 관 같은 빈 배를 말이다.
그런데 아마 그 배가
안개에 길을 잃었던 모양이다.
사흘을 기다렸으나 배가 오지 않자
옹은 스스로 안개로 화하셨다고…….
그리하여 옹을 싣고 갈 배가
영원히
나루터를 잃어버린 빈 배가 된 것이다.

머리칼

중국집 총각은
머리를 오랑캐꽃 빛깔로 물들이고
오토바이를 탄다, 달린다,
말갈족은 아니지만
말갈의 피 몇 방울은 섞여 있는지
거리를 골목을 말갈족처럼 쏘다닌다.
자장면이 혼돈으로 불어 터져
흑암덩어리로 변하기 전에
서둘러 철가방의 길을 질주, 질주한다.
머리칼,
두피에 뿌리박은
머리칼은
우리가 죽은 뒤에도
조금 더 자란다고 한다.
시체보다 느리게 시드는
질겨빠진 머리칼,
태초의 먼지 냄새를 풍기면서
치렁치렁 자라나는,
무성한 머리칼이 그리운 시계점 대머리 아저씨는
가발을 푹 뒤집어썼다.

식탁

1

생일 아침, 의자를 높이 들어
너는 식탁을 내리친다.
조각난 유리그릇,
엎어진 숟가락,
갑자기 물감처럼 보이는 고추장,
식탁이 온통 쓰레기다.
멸치대가리는
미역을 뒤집어쓰고 널 쳐다본다.

저녁에 너는 흰 식탁보를 깔고 그 식탁에서 식사를 한다.

2

감각의 여백에 눈의 식탁이 놓여 있고
그 식탁의 다리들은 희디흰
눈송이들로 되어 있다.
네가 눈사람이라면
그 식탁에 앉을 자격이 있을 것이다.
그리고 네가 먹는 눈송이들이 다름아닌 너이며
너와 식탁이 한 덩어리로 붙어 있어서
뗄래야 뗄 수 없다는 것을 알게 되지 않을까.
눈의 식탁에선

네가 눈을 덕을수록
네가 식탁으로 변해 버린다.

3

높은 곳엔 먹을 게 없어
기린은
앞다리를 나무젓가락처럼 찢어지게 벌리고
길다란 목을 늘어뜨려
동물원 바닥의 시든 풀 한 접시
우물우물 입에 넣는다.
배고픈 놈,
사다리 같은 고개를 들면 멀리
아프리카의 노을이 있다.

걸어가야 한다

거위 발바닥에 껌이 붙은 모양이다.
뒤뚱뒤뚱 걸어가던 거위가
걸음을 멈춘다.
잠시,
그러나 날갯짓을 멈춘 지는
얼마나 되나.
큰 구두짝 같은 날개를 짊어지고
거위가 다시 걸어간다.
발바닥에 붙은 껌이
찐득하게 고무줄처럼 늘어난다.
꺼림칙해도 걸어가야 한다.
좀 엉뚱스럽고 난처해도
걸어가야 한다.
날개에 대한 기억이 점점 흐려져도
길바닥에 껌들이 가래침처럼 불어나도
걸어가야 한다.
걸어가야 한다지만 대체
어디로 걸어가야 한단 말인가.
하늘 길은 끊어진 지 오래이고
살찐 불행감에 껌까지 달라붙어
곤혹,
곤혹스런 거위의 발걸음.

겨울나기

1

창문 밖으로 살림살이를 내던지며
울부짖던 여인이
유리창 깨지는 소리 뒤에 조용해졌다.
슬픔이 그친 것은 아니겠지만
조용해졌다.
찹쌀떡 장수가 다시
큰 소리로
찹쌀떡 메밀묵을 외쳐대며
낡은 빌라 골목의 밤을 지나간다.

2

고산지대(高山地帶) 암자에서 내려오는
동자승처럼
굴뚝새는 바람 부는 산
앙상한 잡목림에 모습을 나타낸다.
그리고 이내 마른 나무 뒤로 몸을 감춘다.

굴뚝새가 다시 모습을 나타내는 곳은
저물녘 인가(人家)이다.
검불 같은 새, 굴뚝새는 기웃거린다.
외양간의 여물통과 쇠죽 끓이는 부엌을.

굴뚝새의 눈과 마주치면
배는 고프고 어느덧 초저녁이다.
황소는 여물을 씹고
사람은 밥을 먹는데
굴뚝새는 무엇으로 허기를 때우는 걸까.

북풍에 문풍지가 울고 등잔불이 흔들리며 흙벽에 그림자 드리워질 때
굴뚝새는 어둠 속으로 몸을 감춘다.

겨울 한철은 지루하게 길다.
우풍에 주전자의 물이 얼어붙고
함석지붕 위에 서리 맞은 별이 뜬다.

3

질화로의 식어가는 재를
부젓가락으로 뒤적이고
바람 새는 문틈에 걸레를 끼우는 것이
겨울나기의 풍경이다.
북극곰은 추우면 잔다, 따뜻해지면 일어나고.
그러나 나는 겨울잠 자는 북극곰이 아니다.
입이 붙어 겨울을 나는
개구리도 아니고, 나는 재를 뒤적거린다.

중얼거릴 때도 있다. 침묵이 두려워서가 아니다.

인생에는 추위가 있고, 추위는 견뎌야 하고, 견디다 보면 끝장이 나버리는 인생, 그것도 인생일까. 그렇다고 북극곰이 될 수도 없고.

드럼통에 굴뚝을 박고 장작불을 피워
고구마를 구워 파는 것, 빵모자를 쓰고 털신을 신고
드럼통에 마른 장작을 집어넣으며
진눈깨비 속에서 군고구마를 파는 것,
대도시에선 뭔가를 뚤견서
추위를 견뎌야 한다.
그러나 나는 군고구마장수가 아니다.
그렇다고 흔해빠진 창녀들처럼 살을 팔 수도 없고
러시아는 가난한 나라,
서울에 온 러시아 처녀는 뭘 팔러 왔는지
진눈깨비 속에서 군고구마를 먹고 있다.

통조림으로 만리장성을

옹관(甕棺) 속에
큰 숯덩이처럼
들어앉아 있던 스님 이름이
떠오르지 않는다.
항아리 어둠 속에 오래 죽은 채
그렇게 안 썩을 수도 있는 것인지.
밤,
대형 상점,
이 철면피 통조림들은
죽음창고에서 왔다.
지게차가 옹관 같은 상자들을 들어올리는
서늘한 창고에서
조명 눈부신 이곳으로
엄청난 양이 왔다.
통조림으로 만리장성(萬里長城)을! 그 앞을 황제펭귄들이
열을 지어 걸어갈 수도 있을 것이다.
뚜껑에 찍힌 날짜들은
유통기간,
그 검은 날짜들을 읽어본다.
고불(古佛)도 예수도
이런 깡통무덤 속에서는
부활하지 못했으리라.

제로

굴러간다 해도 텅 빈 고무껍질에 불과한
폐타이어는
석유문명에 버림받은 듯
길을 벗어나 넘어져 있다.
속도 제로.
그 안에서 강아지풀들이
늙은 개털의 질감으로 시들고 있다.
가을이라 키 큰 억새들은
자신을 잘 마른 미라로 만들었다.
회갈색 풀,
가을이라 가을빛은 가도 가도 눈부시지 않다.
한없이 투명할 뿐.
속도 제로.
굴러가도 텅 빈 고무껍질에 불과한
폐타이어는 둥글게 넘어져 있다.
봄이 오면
시속 0.9킬로미터의 향기로 북상하는 꽃들이
폐타이어를 넘어갈까.
개마고원을 넘고
흑룡강(黑龍江)을 건너서
샐녘의 별들이 속눈썹처럼 앉아 있는 지평선까지.

문짝 앞에서

쇠로 짠 문짝이었다.
창처럼 끝이 뾰죽뾰죽했다.
여름날 그 앞에 서서 담배를 태우곤 했다.
담쟁이덩굴의 푸른 덩굴손들이
그 문짝을 넘어가고 있었다.

벌겋게 녹이 스는 문짝이었다.
비가 벌레들처럼 갉아먹는 문짝,
가을에도 그 앞에 서서 담배를 태우곤 했다.
단풍 든 잎들이 우수수 떨어지고 있었다.
늦가을 담쟁이덩굴은 앙상했다.
마른 덩굴이 문짝을 부둥켜안고
비틀고 있는 것 같았다.

큰 자물통이 사시사철 걸려 있는 문짝이었다.
진눈깨비가 내리고 있었다.
나는 문짝 위의 하늘을 보았다.
미끄러운 하늘,
어떤 새도 발 붙이지 못하는 하늘을.
그리고 생각했다.
허공에서 혼자 스케이트 타는
늙은 하나님의 고독을.

잔광

뒤척이던 물비늘들이
저녁 어스름을 머금고 고요해졌다.

물 건너 산등성이 윤곽이
검고 뚜렷하다.
금빛은 그 너머에서 터져나온다.

동쪽하늘을 향하는 채운(彩雲)들의 발걸음,
시선을 높이 들어올렸던 잔광도
점점 사위어간다.

그러나
어스름에 물드는 너의 눈에서는
투명한 금빛이 먼 하늘로 끝없이 뻗어나간다.

파로호

쓸개처럼 시퍼런 물,
네 이름이 파로호였다.
억새가 희어지는 십일월에
오지에서
웅크린 채 떨고 있는 물,
살얼음을 입고
흐르지 못하는 네 이름이 파로호였다.
네 품엔 물오리 한 마리 없었다.
뒤척이는 빈 배들,
노 젓는 소리가 삐걱거리기라도 했다면
저물녘 적막감은 덜하지 않았을까.
귀기 서린 바람이 마른 억새를 흔들고
잡목림 꺼칠한 십일월에
웅얼거림도 흐느낌도 없이
침묵하는 내륙의 호수,
쓸갯빛 물.

물통

한여름에도 두꺼운 외투를 입고 해진 신발짝을 끌면서 국도변을 걸어가던 광인을 기억한다. 높고 푸른 의자처럼 서 있는 나무 아래서 그가 쭈그리고 앉아 똥 누던 것도. 뒤돌아보면 그렇다. 육신의 고단함으로 잠재우려 했던 광기어린 고통의 시간들이 갈증과 더불어 떠오른다. 남녘의 길이었다. 물통을 하나 들고 다녔지만 기갈 들린 것처럼 목이 말라오곤 했다. 네 영혼의 건기, 네 영혼의 들불, 그때는 네 영혼의 불길이 드넓어지는 불탄자리였으므로.

굴뚝 아래서의 목욕

누하동 굴뚝에서 연기가 난다.
탕에서는 아마 뿌옇게
무럭무럭 김이 솟고 있을 것이다.

탄광지대, 목욕탕,
탄부들이 벌거벗고
목간통에 큰 쥐들처럼 들어앉아 있었다.
들어앉을수록 탕은 점점 시커메지고
잿물 넘치는 목간통에서 재를 씻던
사북.

벽제 화장터 굴뚝에서도 저렇게
연기가 났다.
네 불의 목욕이 끝날 즈음
허공으로 풀어지던
하늘색
연기,
지상에서
네 마지막 불의 목욕이 끝날 즈음.

텅 빈 우편함

가재가 우편함에서 늘 기다리고 있었다.
빌라 계단을 올라가다가
고개를 돌려
다시 계단을 내려왔다.
검은 줄무늬
소인 찍힌
백칠십원짜리 우표 속의
가재,
두 집게발을 엉성하게
어정쩡하게 바닥에 내려놓고 곁눈질하는
가재여,
모처럼 고향에서 편지를 보냈구나.
네가 납세고지서를 물고 날아왔구나.

사육

한낮의 가두리 양식장으로
어분 몇 톤이 왔다.
입을 벌려라 향어들아,
삽으로 어분을 떠먹일 테니.
입을 벌려라 향어들아,
죽은 바다의 뼛가루를 뿌려줄 테니.
얇은 회를 위해 살찌는 날들,
물 위의 개 두 마리
호수의 적막을 깨며 사납게 짖어댄다.

절벽

배꼽만한 구멍,
불알만한 구멍,
아가리만한 구멍,
궁둥이만한 구멍,
구멍투성이 바위에서 웅웅 소리가 난다.
거센 바람,
뒤집히고 소용돌이치는 바다,
절벽을 물어뜯고
이번에는 뒤로 물러나서
다시 절벽을 물어뜯는 바다의 이빨,
들끓는 물거품, 허공으로 치솟는 물보라,
얼굴이 럭비공처럼 길쭉한 말 한 마리가 절벽 위에 서서
징검돌 없는 바다를 큰 눈으로 보고 있다.

발바닥 속의 거울

너는 단 한 벌의 육체였다.
태어날 땐 천의무봉(天衣無縫),
배꼽만 빼면 몸 어느 구석에도
바느질하거나 가위질한 흉터가 없었다.

발바닥에 거울이 든 사람은 처음 보네요.
의사는 발을 헤쳐 피묻은 거울 조각들을 끄집어낸다.
찢어지면 깁는 살가죽들,
누더기,
더 꿰맬 일 없이
무덤에서 해지는 누더기들.

너는 단 한 벌의 육체였다.
벗고 나면 거울에
아무것도 비치지 않는…….
그리하여 어느 날 텅 빈 거울에는
너만 빼면 천의무봉인 세계가
환히 비칠 것인가.

밤의 목마름

벽에 등을 기대고
고개를 떨군 채 잠자는 동안에도
비디오 테이프는 열을 내며 돌아갔던 모양이다.
깨어났을 땐
29인치 화면이
눈알이 뒤집히며 혼절하기 직전에 보게 되는
혼돈의 아지랑이들로 들끓고 있었다.
공테이프 길을 흘러간
헛것의 무리,
나는 벌떡 일어났다.
대단한 일을 하려고 일어난 건 아니다.
나는 걸어갔다, 냉장고까지.
그리고 물병의 식은 브리차를 들이켰다.

그림자

등에 펜이 꽂힌 채
글을 쓰는 것은 아닌지,
물병좌 저쪽 무변(無邊)에
물안개처럼 일어선 그림자가 구부정하게
고개 돌려 나를 굽어볼 때
등 구부리고 밤의
백지 위에
뭔가를 뿜어내던 나도
고개 돌려 그를 바라본다.
큰 밤을 초라한 어둠으로
물들이는 것은 아닌지,
앙상한 손으로
백지 위에
오늘은 이렇게 쓴다,
등에 쟁기 박힌 하늘소가
별밭을 갈아엎는다, 라고.

재와 먼지

이마를 쪼개며 들어오는 죽음의 도끼를
눈이 부시게 노려보면서
벽제 납골당으로 갔다.
죽은 사람은 나와 같은 직책으로서
재생지를 쓰는 잡지의
주간이었다.
그는 이제 재 되어 쉬게 되었고
나는 의자 위의 불처럼
그가 하던 일을 맡게 되었다.
납골당,
하나의 큰 봉분 속에
재의 도서관처럼
무수한 재항아리가 보관되는 곳,
이름들, 재의 목록들,
들풀의 씨처럼
가볍게 날아올라 황사바람 속을 흐르지 않고
지하에 갇혀 있는
재,
재들,
납골당은
바람 한 점 없이 고요하다.
거기서 땅 위로 걸어 올라온다. 바람이 불고 있다.
노란 먼지 하나가
내 눈썹 위로 춤추며 올라간다.

빨래

당신은 태양 아래 빨래를 널고
옥상의 개는
옥상의 개 같은 나를 바라본다.
우리는 서로 날개 없는 몸을 바라본다.

빨래,
깨끗한 깃발,
죽음이 아닌 깃발,
살 냄새가 나는 깃발,
태양 아래 나부끼는 신생아의
희디흰 기저귀.

당신은 태양 아래 빨래를 널고
빨랫광주리를 안고 철계단을 내려간다.
개도 철계단을 내려간다.
옥상에서 나는 바라본다, 빨래,
깨끗한 깃발,
죽음이 아닌 깃발.

물의 책

물의 책은
아무것도 씌어 있지 않아야 한다.
투명해야 하고
펼치는 순간 손가락 사이로
물이 빠져나가야 한다.
물의 책은
어둠이 오면 거두워야 하고
밝음이 오면 맑아야 한다.
나는 물의 책으로
발이나 씻겠어.
그래도 할 수 없다.
나는 물의 책으로 화분에 물을 줄 거야.
그래도 괜찮다.

이것은 죽음의 목록이 아니다

수달 멧돼지 오소리 너구리 고라니 멧밭쥐 다람쥐 관박쥐 검은댕기해오라기 중대백로 쇠백로 왜가리 원앙 청둥오리 흰뺨검둥오리 비오리 조롱이 새홀리기 꿩 깝작도요 멧비둘기 집비둘기 소쩍새 물총새 청딱다구리 가막딱다구리 오색딱다구리 쇠딱다구리 노랑할미새 알락할미새 직박구리 때까치 물까마귀 딱새 붉은머리오목눈이 오목눈이 쇠박새 진박새 곤줄박이 박새 동고비 멧새 쑥새 노랑턱멧새 어치 까치 큰부리까마귀 자라 아무르장지뱀 도마뱀 누룩뱀 무자치 구렁이 능구렁이 유혈목이 대륙유혈목이 살모사 쇠살모사 까치살모사 산줄점팔랑나비 뿔나비 푸른부전나비 암먹부전나비 먹부전나비 부전나비 작은멋쟁이나비 수노랑나비 제일줄나비 왕세줄나비 별박이세줄나비 애기세줄나비 네발나비 큰멋쟁이나비 사향제비나비 산제비나비 긴꼬리제비나비 호랑나비 꼬리명주나비 대만흰나비 큰줄흰나비 배추흰나비 노랑나비 남방노랑나비 각시멧노랑나비 굴뚝나비 물결나비 노랑누에나방 넉점물결애기자나방 두줄물결자나방 포플라잎말이명나방 뜰길앞잡이 애반딧불이 늦반딧불이 등빨간먼지벌레 노랑선두리먼지벌레 오이잎벌레 쑥잎벌레 열점박이잎벌레 풀색꽃무지 목하늘소 톱다리개미허리노린재 장수허리노린재 깜보라노린재 얼룩대장노린재 큰광대노린재 광대노린재 참나무노린재 끝검은말매미충 늦털매미 말매미 애매미 호박벌 나나니 검은물잠자리 물잠자리 날개띠좀잠자리 깃동잠자리 밀잠자리 묵은실잠자리 명주잠자리 콩중이 벼메뚜기 왕귀뚜라미 모메뚜기 실베짱이 참밑들이 산느타리 잣버섯 노란갓벚꽃버섯 넓은솔버섯 애기낙엽버섯 흰삿갓깔때기버섯 자주졸

각버섯 밀버섯 밤버섯 뽕나무버섯 그늘버섯 붉은끝지버섯 못버섯 알광대버섯 암회색광대버섯아재비 독우산광대버섯 흰주름갓버섯 갈색먹물버섯 노랑먹물버섯 족제비눈물버섯 검은비늘버섯 비늘버섯 다색끈적버섯 젤리귀버섯 흰소비단그물버섯 붉은비단그물버섯 접시껄껄이그물버섯 황금무당버섯 젖버섯아재비 새털젖버섯 잿빛젖버섯 노루궁뎅이 담자고약버섯 분홍껍질고약버섯 바늘버섯 갈색꽃구름버섯 구름버섯 옷솔버섯 아까시재목버섯 치마버섯 기와소나무비늘버섯 해면버섯 털목이 아교뿔버섯 붉은목이 먼지버섯 말불버섯 좀말불버섯 애기방귀버섯 작은주발버섯 긴대주발버섯 녹청균 콩버섯 콩꼬투리버섯 다형콩꼬투리버섯 구실사리 개부처손 물쇠뜨기 속새 산고사리삼 꿩고비 고비 황고사리 고사리 고비고사리 부싯깃고사리 청부싯깃고사리 개면마 만주우드풀 십자고사리 낚시고사리 관중 바위족제비고사리 뱀고사리 개고사리 거미고사리 일엽초 은행나무 일본잎갈나무 잣나무 소나무 측백나무 향나무 가래 말즘 실말 조릿대 실새풀 숲개밀 포아풀 갈대 용수염풀 그령 쥐꼬리새 잔디 강아지풀 금강아지풀 바랭이 주름조개풀 기장대풀 띠 큰기름새 조개풀 개솔새 솔새 옥수수 대사초 길뚝사초 산거울 그늘사초 넓은잎천남성 천남성 닭의장풀 꿩의밥 골풀 주걱비비추 큰원추리 애기원추리 산달래 산부추 참산부추 달래 털중나리 참나리 비짜루 각시둥굴레 둥굴레 층층둥굴레 진황정 풀솜대 애기나리 선밀나물 청미래덩굴 청가시덩굴 마 도꼬로마 국화마 각시붓꽃 꽃창포 붓꽃 범부채 개불알꽃 병아리난초 제비난초 은대난초 타래난초 옥잠난초 홀아비꽃대 사시나무 은 사시나무 이태리포플러 왕버들 분버들 버드나무 능수버들 호랑버들 키버들 가래나무 거제수나무 박달나무 개박달나무 물박달나무 오리나무 까치박달 서어나무 난티잎개암나무 개암나무 참개암나무 밤나무 상수리나무 굴참나무 떡갈나무 갈참나무 신갈나무 졸참나무 참느릅나무 비술나무 왕느릅나무 당느릅나무 시무나무 느티나무 산팽나무 검팽나무 산뽕나무 뽕나무 혹쇄기풀 모시물통이 개모시풀 꼬리겨우살이 겨우살이 쥐방울덩굴 족도리 애기수영 수영 개대황 참소리쟁이 소리쟁이 왜개싱아 이삭여뀌 며느리배꼽 며느리밑씻개 고마리 미꾸리낚시 여뀌 **바보여뀌** 기생여뀌 개여뀌 마디풀 취명아주 명아주 댑싸리 자리공 석류풀 쇠비름 털좀나도나물 쇠별꽃 별꽃 벼룩나물 술패랭이꽃 대나물 동자꽃 장구채 종덩굴 요강나물 자주조희풀 개버무리 큰꽃으아리 외대으아리 으아리 참으아리 할미밀망 사위질빵 동강할미꽃 **할미꽃** 노루귀 미나리아재비 꿩의다리 연잎꿩의다리 큰제비고깔 흰진범 진범 백부자 진돌쩌귀 노루삼 승마 촛대승마 눈빛승마 동의나물 으름 꿩의다리아재비 댕댕이덩굴 함박꽃나무 오미자 생강나무 애기똥풀 피나물 금낭화 산괴불주머니 무 갓 배추 유채 황새냉이 왜갓냉이 미나리냉이 속속이풀 꽃다지 장대나물 바위솔 세잎꿩의비름 꿩의비름 기린초 바위채송화 노루오줌 돌단풍 바위떡풀 괭이눈 물매화 말발도리 물참대 매화말발도리 고광나무 산수국 까마귀밥나무 가침박달 쉬땅나무 조팝나무 떡조팝나무 당조팝나무 꼬리조팝나무 갈기조팝나무 참조팝나무 국수나무 뱀딸기 가락지나물 양지꽃 민눈양지꽃 세잎양지꽃 물양지꽃 딱지꽃 큰뱀무 뱀무 산딸기 곰딸기 멍석딸기 복분자딸기 줄딸기 터리풀 오이풀 긴오이풀 짚신나물 찔레꽃 생열귀나무 개살구나무 귀룽나무 올벚나무 개벚나무 산사나무 아광나무 야광나무 아그배나무 산돌배나무 마가목 차풀 고삼 다릅나무 조록싸리 참싸리 싸리 **큰도둑놈의갈고리** 도둑놈의갈고리 갈퀴나물 네잎갈퀴 광릉갈퀴 노랑갈퀴 나비나물 활량나물 칡 돌콩 콩 새콩 낭아초 땅비싸리 아까시나무 벌노랑이 족제비싸리 황기 붉은토끼풀 토끼풀 전동싸리 활나물 쥐손이풀 이질풀 괭이밥 볏아리풀 산초나무 소태나무 광대싸리 흰대극 회양목 개옻나무 화살나무 참회나무 버들회나구 참빗살나무 푼지나무(청다래넌출) 노박덩굴 미역줄나무 고추나무 신나무 고로쇠나무 당단풍 복자기 노랑물봉선화 물봉선 갈매나무 짝자래나무 왕머루 새머루 담쟁이덩굴 피나두(달피나무) 연밥피나무 뽕잎피나무 찰피나무 수박풀 수까치깨 개다래 쥐다래 다래 물레나물 고추나물 남산제비꽃 태백제비꽃 둥근털제비꽃 잔털제비꽃 고깔제비꽃 제비꽃 흰털제비꽃 알록제비꽃 뫼제비꽃 졸방제비꽃 콩제비꽃 노랑제비꽃 아마풀 보리수나무 부처꽃 달맞이꽃 음나무 오갈피 두릅나무 시호 참반디 사상자 개사상자 미나리 참나물 노루참나들 개발나물 바디나물 참당귀 구릿대 신감채 강활 묏미나리 큰참나물 기름나물 어수리 산딸나무 층층나무 노루발풀 꼬리진달래 진달래 산철쭉 철쭉꽃 산앵도나무 좁쌀풀 참좁쌀풀 까치수영 큰까치수영 고욤나무 감나무 노린재나무 쪽동백나무 때죽나무 물푸레나무 쇠물푸레 쥐똥나무 개회나무 자즈쓴풀 구슬붕이 용담 칼잎용담 박주가리 산해박 백미꽃 애기메꽃 메꽃 새삼 실새삼 지치(지

초) 꽃마리 작살나무 누리장나무 누린내풀 조개나물 황금
산골무꽃 골무꽃 참골무꽃 배초향 벌깨덩굴 개박하 꿀풀 익
모초 광대수염 쉽사리 향유 꽃향유 산박하 속단 배풍등 까
마중(까마종이) 독말풀 참오동 현삼 밭뚝외풀 논뚝외풀 절국
대 알며느리밥풀 애기며느리밥풀 나도송이풀 송이풀 파리풀
질경이 큰꼭두서니 꼭두서니 갈퀴꼭두서니 솔나물 갈퀴덩굴
개갈퀴 딱총나무 덜꿩나무 가막살나무 백당나무 병꽃나무
인동 괴불나무 각시괴불나무 올괴불나무 돌마타리 금마타리
마타리 뚝갈 쥐오줌풀 산토끼꽃 체꽃 하늘타리 노랑하늘타
리 수원잔대 자주꽃방망이 잔대 초롱꽃 더덕 도라지 금불초
바위구절초 뚱딴지 담배풀 솜나물 단풍취 돼지풀 도꼬마리
골등골나물 등골나물 벌등골나물 미역취 버드쟁이나물 가새
쑥부쟁이 쑥부쟁이 갯쑥부쟁이 개미취 옹굿나물 까실쑥부쟁
이 참취 눈개쑥부쟁이 개쑥부쟁이 단양쑥부쟁이 개망초 망
초 머위 붉은서나물 쑥방망이 우산나물 톱풀 산구절초 구절
초 제비쑥 더위지기 참쑥 산쑥 쑥 멸가치 진득찰 가막사리
삽주 지느러미엉겅퀴 큰엉겅퀴 엉겅퀴 지칭개 각시취 큰각
시취 빗살서덜취 사창분취 당분취 구와취 톱분취 은분취 서
덜취 분취 산비장이 뻐국채 큰수리취 국화수리취 수리취 절
굿대 흰절굿대 조뱅이 쇠서나물 민들레 조밥나물 벋은씀바
귀 벌씀바귀 씀바귀 왕고들빼기 이고들빼기 고들빼기

「동강 유역 산림생태계 조사보고서」(1998. 12. 산림청 임업
연구원)를 읽으면서
　　내가 아무르장지뱀이나

용수염풀,
아니면 바보여뀌나 큰도둑놈의갈고리나 괴불나무르
혹은 더위지기로 태어났을 수도 있었겠다는 생각을 했다.
그랬더라면 내 이름이 어떻든
이름의 감옥에서 멀리 벗어나
삶을 사랑하는 일에 슾이 바쳐졌을 것이다.
무덤에 핀 할미꽃이거나
내가 동굴에서 날개를 펴는
관박쥐라 해도…….

갯바위

열두서너 살쯤 될까.
어린 해녀는
손에
꼬챙이 하나 들고
바다수달처럼 거꾸로 처박히곤 했다.
그러고는 손에 개조개를 전집(全集)처럼 움켜쥐고
불쑥 솟구치는 것이었다.
그 애가 사라지자
갑자기 나는 심심해졌다.
심심함,
그렇다.
내 발바닥 아래
오래도록 심심했던 갯바위덩어리가 있었다.
그것은 침식으로
잔뜩 찌그러져 있었지만
물컹물컹한 돌이 아니었다.
오히려 물컹한 것은
나의 내부였는지 모른다.
오래된 찐득함이 내 안에 있었다.
그것을 나는
내면의 뻘이라고 부르겠다.
갯바위덩어리를
그것으로 감쌀 수도 있을 것이다.
질척한 그것을
갯바위에 널어 말릴 수도 있을 것이다.

그렇지만
그래도 여전히
육체는 바위의 혹처럼 여겨지지 않을까.
썰물이 급히 흐르는
늑도,
바닷가 빛들의 산란,
갯강구들이
스멀스멀 기어다니고 있었다.
이명(耳鳴)처럼
갯바위 마르는 소리가
들려오고 있었다.
처음 듣는 소리,
뭐라고 표현하기 어려운
처음 듣는 소리.

물의 자서전

부러진 갈대 끝이 물에 닿아서
떨며 오직 한 획만을 물 위에 긋는 것을
무슨 뜻인지도 모르고 바라본다.
물 맑은 가을 수로(水路)
갈대 그림자 물 아래 서걱거리고
흐르는 물은 무엇보다도
자서전 따위에는 관심이 없는 듯하다.
물은 딱딱한 겉장 없이 흘러왔고
마지막 페이지도 없이 흘러갈 것이다.
보석으로 보석을 씻듯이
물무늬로 물무늬를 지우듯이
흘러가는 물을
무슨 뜻인지도 모르고 바라본다.

손

모처럼 나는 집게발이 떨어져나간 게처럼
황량한 바닷가를 어기적거릴 수 있게 되었다.

움푹움푹한
모래발자국
......

밤이 오고
사라진 수평선으로
불 밝힌 내 손가락들이 어기적거리며 지나간다.

게를 뒤집어놓다

바다, 트럭, 개펄, 트럭,
톱밥상자에서 게들은 끌려나온다.
눈알에 톱밥이 묻은 게들,
좌판에 딱딱한 등을 대고 누워서
발로 허공을 저어보는
수산물시장의
게,
게들,
게들아,
다들 죽었는데
그나마 뒤집힌 채 어기적거리는 너희들이
시장의 반군들은 아니지.
게들은 좌판 위에
층층이 쌓인다.
벽돌이 벽돌을 짓누르듯이
눌리지만 누운 게는
누운 게들을 잔뜩 안고 어기적거린다.
얼마나 헛되이 어기적거리고 있는지
보는 내가 곤혹스럽다.
게들은 더 곤혹스러울 것이다.
반굴태세(反屈胎勢) : 턱이 가슴에서 떨어져
머리가 척추와 함께 뒤로 구부러져 있는
자궁강 안에서의 태아의 이상 자세.
헛되고 헛되고 헛되지만
뒤집혀 어기적거리는

게,
게들,
게들아,
태양이 하지에 거해궁(巨蟹宮)에 이르면
금빛 큰 게가 걸어나와 너희들을 맞이한단다.

타일 위의 잠

노숙자는 큰 고구마처럼 잠들어 있다.
그는 지하도 한구석에 웅크린 채
뿌리 내릴 땅을 꿈꾸는 걸까.
스모그 속을 부유하던 구두들이
타일바닥 위를 지나간다.
그러나 타일 저편
햇살과 바람과 비가 반죽되는 땅에서
늙은 농부는 해마다 뿌리를 내리고 있다.
그리하여 나는 이렇게 쓸 수가 있다.

대지 위의 한 농부는
한 그루 농부라고!

마합

때로 낚시꾼들은 바늘을 삼키고 끌려나오는 묵직한 민물조개를 본다. 검고 윤나는 돌처럼 물을 가르며 호수 밑바닥에서 솟아오르는 마합(馬蛤)을 말이다. 흔히 말씹조개로 불리는 마합은 담수산 중 가장 큰 돌조개과의 조개로 패각의 길이가 삼십 센티미터에 달한다. 카본 낚싯대를 활처럼 휘게 하고 줄을 팽팽하게 하면서 물가로 끌려나온 마합은 후끈거리는 지열 속에 놓인다. 이것이 무엇인가? 눈부신 뙤약볕 속에서 마합은 기쁜 나쁜 침묵의 덩어리, 어떤 돌들과도 다른 이물스러운 그 무엇이다. 침 흘리는 말씹조개의 느닷없는 출현으로 사람들은 잠시 경외감에 휩싸인다. 그것으로 충분하다. 마합은 다시 호수 한복판으로 던져진다. 풍덩! 수면을 흔들어놓고 그것은 이내 호수 밑바닥으로 가라앉는다.

최승호

1954년 춘천에서 태어나 1977년 《현대시학》으로 등단했다.
시집 『대설주의보』, 『고슴도치의 마을』, 『진흙소를 타고』, 『세속 도시의 즐거움』, 『회저의 밤』,
『반딧불 보호구역』, 『눈사람』, 『여백』, 『모래인간』, 『아무것도 아니면서 모든 것인 나』, 『고비』,
『북극 얼굴이 녹을 때』, 『이메바』 등과 『말놀이 동시집 1~5』가 있다
〈오늘의 작가상〉, 〈김수영 문학상〉, 〈대산문학상〉, 〈미당문학상〉, 〈현대문학상〉 등을 수상했다.

그로테스크

1판 1쇄 펴냄 · 1999년 6월 5일
1판 3쇄 펴냄 · 2011년 1월 20일

지은이 · 최승호
발행인 · 박근섭, 박상준
편집인 · 장은수
펴낸곳 · (주)민음사

출판 등록 1966. 5. 19. 제16-490호
서울시 강남구 신사동 506번지 강남출판문화센터 5층 (우)135-887
대표전화 515-2000 / 팩시밀리 515-2007
www.minumsa.com

ⓒ 최승호, 1999. Printed in Seoul, Korea
ISBN 978-89-374-0680-5 (03810)